JK Rowling

Judith O'Hare

Hodder & Stoughton

A MEMBER OF THE HODDER HEADLINE GROUP

Acknowledgements
Cover photo: © Murdo Macleod/Corbis Sygma
Photos: pp. 3, 4 © Barry Batchelor/PA Photos
p. 7 © Mark Pinder/Rex
p. 8 © PCP/Rex
p. 11 © Nils Jorgensen/Rex
p. 12, 15 © BFI Stills, Posters & Designs
p. 19 © GXJ/Rex

All efforts have been made to contact copyright holders. In the few cases where copyright holders could not be traced, due acknowledgement will be given in future reprints if the copyright holders make themselves known to the publishers.

Orders: please contact Bookpoint Ltd, 130 Milton Park, Abingdon, Oxon OX14 4SB. Telephone: (44) 01235 827720, Fax: (44) 01235 400454. Lines are open from 9.00–6.00, Monday to Saturday, with a 24 hour message answering service. You can also order through our website at www.hodderheadline.co.uk.

British Library Cataloguing in Publication Data
A catalogue record for this title is available from The British Library

ISBN 0 340 812214

First published 2003
Impression number   10 9 8 7 6 5 4 3 2 1
Year   2006 2005 2004 2003

Copyright © 2003 Judith O'Hare

All rights reserved. No part of this publication may be reproduced or transmitted in any form or by any means, electronic or mechanical, including photocopy, recording, or any information storage and retrieval system, without permission in writing from the publisher or under licence from the Copyright Licensing Agency Limited. Further details of such licences (for reprographic reproduction) may be obtained from the Copyright Licensing Agency Limited, of 90 Tottenham Court Road, London W1T 4LP.

Typeset by Fakenham Photosetting Ltd, Fakenham, Norfolk.
Printed in Great Britain for Hodder & Stoughton Educational, 338 Euston Road, London NW1 3BH by Hobbs The Printers Ltd, Totton, Hampshire.

Contenidos

	Página
1. Al principio	*1*
2. Su juventud	*5*
3. Erase una vez	*10*
4. Nace Harry Potter	*13*
5. De sueño a realidad	*16*
6. Y eran felices y comieron perdices	*18*

What do you know about JK Rowling?

- When did she start to write?
- Where did she find her ideas for Harry Potter?
- How was *The Philosopher's Stone* written?

Read on . . .

1. Al principio

Nombre:	Joanne Kathleen Rowling
Fecha de nacimiento:	el 31 de julio de 1965
Lugar de nacimiento:	Chipping Sodbury, Gloucestershire

Joanne es
la mayor de dos hijas.
Su hermana se llama Di.

mayor – elder

Sus padres son
personas bien educadas.

Quieren una buena educación
para sus hijas.
Animan a sus hijas a leer.

animan – they encourage

La familia se muda
de una casa a otra.
Se muda a Bristol.
Sus vecinos se llaman 'Potter'.
Joanne nunca se olvida
de esos amigos.

Joanne es muy tímida.
No le gusta el deporte.

Le encanta leer.
Le encanta escribir.

Escribe cuentos.
Sólo tiene 5 años.

se muda – moves

vecinos – neighbours
nunca se olvida de –
never forgets

escribe cuentos –
writes stories

JK Rowling con sus padres

Joanne a la Universidad de Exeter

2. Su juventud

El colegio de Joanne se llama
Wydean.

Joanne trabaja mucho.
Es muy popular.

A la edad de 18 años
va a la Universidad de Exeter.
Estudia francés.

Joanne decide ser secretaria.
Pero es poco organizada.

Durante las reuniones
inventa cuentos.
Joanne no es buena secretaria.

poco – badly

reuniones – meetings
cuentos – stories

El novio de Joanne
vive en Mánchester.
Exeter está lejos de Mánchester.

Joanne coge el tren. *coge – catches*

Durante los viajes
sueña con las aventuras *sueña con – dreams about*
de Harry Potter.

Odia su trabajo.
Joanne quiere ser profesora.
Los profesores saben leer. *saben – know how to*
Saben escribir cuentos.

Va a Portugal.
Se hace profesora de inglés. *se hace – she becomes*

Sueña con las aventuras de Harry Potter

JK Rowling con su primer marido y su hija

Trabaja de día.
Por la noche
escribe sus cuentos.
Escribe sobre un mago.   *mago – wizard*

Joanne conoce a   *conoce – knows/meets*
un reportero de televisión.
Es portugués.
Se casan en 1993.   *se casan – they get married*

Joanne tiene una hija.
Se llama Jessica.
Hay un problema.
Joanne se divorcia.

Joanne vuelve a Inglaterra.
Se muda a Escocia.

3. Érase una vez

érase una vez – once upon a time

Desde la edad de 5 años,
Joanne escribe cuentos.

Los lee para su hermana. **los lee para – reads them to**

Hay un conejo.
Se llama 'Rabbit'.

También hay una abeja.
Se llama 'Miss Bee'.

Escribe muchas historias.
Las guarda en una caja. **las guarda – she keeps them**
una caja – a box

Sólo su hermana **sólo – only**
sabe lo que hay en la caja. **sabe – knows**

Todo el mundo quiere conocer a Joanne

Daniel Radcliffe: "Es Harry Potter. ¡Es él!" dice Joanne

4. Nace Harry Potter

Se muda a Edimburgo.
Es duro para Joanne.   *duro – hard*

No tiene trabajo.
No tiene dinero.   *dinero – money*

Piensa en sus sueños   *sueños – dreams*
de ser autora.
Sueña con su mago.

Se acuerda de
sus amigos los 'Potter'.   *se acuerda de –*
   she remembers

Encuentra la caja de cartón.   *encuentra – she finds*
   caja de cartón –
   cardboard box

Empieza a escribir.   *empieza – she starts*

Harry es huérfano. *huérfano – an orphan*
Tiene muchos amigos.

A Joanne le gusta
coleccionar nombres. *coleccionar – collecting*

Entre sus favoritos
están Hermione y Ron.

Inventa los nombres
Hagrid y Dumbledore.

Harry es un héroe.
Tiene unos tíos crueles.

Va a un colegio para magos. *magos – wizards*

Todos estos cuentos
están en sus cajas de cartón.

Warner Brothers hacen una película del primer y del segundo libro

5. De sueño a realidad

Joanne vive en un piso pequeño.
No tiene donde escribir.

No tiene máquina de escribir.　　　　　　　　　*máquina de escribir –*
No tiene ordenador.　　　　　　　　　　　　　　　　*typewriter*

Joanne mete
a su hija en su carrito.　　　　　　　　　　　　　*carrito – buggy*

Va a una cafetería.
Bebe café.

Joanne mira
el mundo a su alrededor　　　　　　　　　　　　*a su alrededor –*
y escribe sus cuentos.　　　　　　　　　　　　　　*around her*

Joanne escribe
Harry Potter and the Philosopher's Stone.

Se pone en contacto *se pone en contacto con –*
con dos editoriales. *she contacts*

Su libro es demasiado largo.
Es demasiado lento.
Es demasiado complicado.

Espera y espera . . . *espera – she waits*
Por fin
Harry Potter es publicado.

Una empresa americana *empresa – company*
compra *Harry Potter.*
Pagan sesenta y siete mil libras. *libras – pounds*

6. Y eran felices y comieron perdices

y eran felices y comieron perdices – and they all lived happily ever after

De repente Joanne es famosa. *de repente – suddenly*
Tiene dinero.
Puede comprarse un ordenador.
Puede escribir.

Todo el mundo quiere
conocer a Joanne. *conocer – to know/meet*
No le gusta todo el jaleo. *jaleo – fuss*

Decide llamarse JK Rowling.

Joanne empieza a escribir
su segundo libro.
Se llama
Harry Potter and the Chamber of Secrets.

Warner Brothers hacen
películas de sus dos libros. *películas – films*

¡Ya es famosa!

Buscan por todo el país.
Encuentran a Daniel Radcliffe.
Joanne está contenta.
Dice
"Es Harry Potter. ¡Es él!"

buscan – they search

Hay más de 2 millones de
copias vendidas.
Venden sus libros
en muchos países.
Todos esperan el siguiente.

La vida de Joanne
es como un cuento de hadas.

cuento de hadas – fairy story

A veces se hacen realidad.

¿Quién sabe?
¿Qué más hay en sus cajas de cartón?

qué más hay – what more is there